किसी किसी पे ग़ज़ल मेह्रबान होती है

किसी किसी पे ग़ज़ल मेहरबान होती है

(ताज़ा हिन्दी ग़ज़लें)

अशोक 'मिज़ाज'

सम्पादक

डॉ. अनिरुद्ध सिन्हा

वाणी प्रकाशन

वाणी प्रकाशन
4695, 21-ए, दरियागंज, नयी दिल्ली 110 002

शाखा
अशोक राजपथ, पटना 800 004

फ़ोन: +91 11 23273167 फ़ैक्स: +91 11 23275710

www.vaniprakashan.in
vaniprakashan@gmail.com

KISI KISI PE GHAZAL MEHRBAN HOTI HAI
by Ashok 'Mizaj'
Edited *by* Dr. Aniruddh Sinha

ISBN : 978-93-5229-253-0
Ghazal

प्रथम संस्करण
मूल्य : ₹ 225

हर्ष प्रिंटर्स, दिल्ली-110 093 में मुद्रित

वाणी प्रकाशन का लोगो मक़बूल फ़िदा हुसेन की कूची से

अनुक्रम

नफ़रतों के महल गिराने के शाइर अशोक 'मिज़ाज'

"उर्दू ग़ज़ल के समानान्तर हिन्दी ग़ज़ल की शक्ल को नये तेवर और नयी धार देने वालों में अशोक 'मिज़ाज' सबसे सशक्त हस्ताक्षर हैं।"

(स्व. डॉ. शिवकुमार मिश्र)

डॉ. शिवकुमार मिश्र ने अपने कथन में कहा है, "अशोक 'मिज़ाज' की ग़ज़लें हिन्दी में उस ग़ज़ल परम्परा का विकास हैं जो प्रसाद, निराला, शमशेर आदि से आरम्भ होकर दुष्यन्त कुमार की ग़ज़लों में उत्कर्ष और उपलब्धियों के क्षितिज को छूती हैं। अशोक की अधिकतर ग़ज़लों में ग़ज़ल सधी हुई, शेर बहुत चुस्त-दुरुस्त बनकर सामने आते हैं। सबसे बड़ी ख़ूबी अशोक की ग़ज़लों में ये है कि उनपर परम्परा का भार या अन्तर नहीं है। उससे जुड़ते हुए भी उससे आगे नयी ज़मीन पर ग़ज़ल को ले जाने की ईमानदार कोशिश है। संवेदना और शिल्प दोनों आयामों पर ग़ज़ल को जैसे खराद पर चढ़ाते हुए उन्होंने महज चमकाने की नहीं बल्कि धारदार बनाने की कोशिश की है। उनके अधिकतर शेर देर तक दिलो-दिमाग़ पर दस्तक देते हैं।"

प्रो. कान्ति कुमार जैन ने अशोक 'मिज़ाज' की ग़ज़लों के बारे में कहा है कि "ऐसे शाइरों में जिनका नाम कनीनिका पर गिनने लायक है, अशोक 'मिज़ाज' उल्लेखनीय हैं। अशोक के कलाम की सबसे ख़ास बात है उसके आदमी होने का एहसास। वह आदमी को न तो देवता समझता है न ही दरिन्दा। आदमी जैसा होता है, अच्छाइयों और बुराइयों का समागम, एक साँस लेता चलता-फिरता ज़िन्दा आदमी अशोक की शायरी का केन्द्र है। अशोक दूसरों के दर्द से विचलित होता है वह दुनिया को बेहतर बनाने के लिए बेचैन है। वह मानता है कि—

गिरा सको तो गिरा दो, ये नफ़रतों के महल
तुम अपने दिल में, ज़रा भी दरार मत करना।

अशोक ने शब्दों को साध लिया है और शब्द उसकी कलम से यूँ झरते हैं जैसे

शरद में हरसिंगार के फूल अपनी टहनी से झरते हैं। बहुत कम शब्दों में ज़्यादा से ज़्यादा कह सकने में उसे कोई दिक्कत नहीं होती। उसका अन्दाज़-ए-बयाँ पुरानी जानी-पहचानी बात को एकदम नये तेवर का बना देता है।''

संस्कृत के विद्वान कवि, प्रोफ़ेसर **राधा वल्लभ त्रिपाठी** ने अशोक 'मिज़ाज' की ग़ज़लों के बारे में लिखा है कि ''इन्सानी हक़ीक़त के तीन पायदान हैं—जिस्म, जिगर और रूह। वेद के ऋषि ने इन्हीं को सृष्टि या कायनात के तीन स्तर बताया है, और आधिभौतिक, आधिदैविक और आध्यात्मिक ये इनके नाम बताये हैं। अच्छी कविता वही है, जो किसी एक पायदान पर ही टिकी न रह जाये। अशोक 'मिज़ाज' की ग़ज़लें जिस्म, जिगर और रूह की त्रिलोकी में हमें ले जाती हैं। एक मुकम्मल नज़रिया उनमें बनता है।

छन्द की अचूक पकड़ ने उनकी ग़ज़लों को बहुत सम्पन्न बनाया है। आधुनिक संवेदना छन्द को छोड़कर अधूरी होती जा रही है। छन्द और लय का चोली-दामन का साथ है। छन्द, लय, गति और यति के निर्वाह के साथ 'मिज़ाज' की शायरी जीवन के कई रंग और मिज़ाज पेश करके भोथरी होती जा रही हमारी संवेदना को नयी धार देती है।''

महान कवि **त्रिलोचन शास्त्री** ने 'मिज़ाज' की ग़ज़लों की भाषा की चर्चा करते हुए लिखा है कि "हिन्दी भाषी शहरों में जिस ज़बान में बात करते हैं वह आम बोलचाल की ज़बान है। इसे हिन्दी वाले हिन्दी व उर्दू वाले उर्दू कहते हैं। हिन्दी में काफ़ी दिन कविता में ब्रज भाषा का प्रयोग चालू रहा, काफ़ी दिनों बाद द्विवेदी युग में आधुनिक हिन्दी में ही कविता लिखने का आन्दोलन चला। आचार्य महावीर प्रसाद द्विवेदी जी ने भी इस बात पर बल दिया कि कविता ब्रज भाषा में और गद्य आधुनिक हिन्दी में नहीं चलना चाहिए। जैसे गद्य लिखा जाता है वैसे ही पद्य लिखा जाये। इस बात का फल यह हुआ कि गद्य-पद्य की भाषा एक रूप हो गयी। बुनियादी तौर पर जो भाषा शहरी ज़बान का रूप ले रही है वह हिन्दी उर्दू मिली-जुली है।

अशोक 'मिज़ाज' इसी शहरी ज़बान में मिलने वाले शब्दों और वाक्यों को जैसे वे मिलते हैं, उनको शायरी का रूप देते हुए इस्तेमाल करते हैं। ये शब्द किसी भी भाषा के हों लेकिन बोलचाल में चल रहे हैं, तो उनके इस्तेमाल से इनको कोई झिझक नहीं।

बोलचाल की ज़बान में कविता करना मुश्किल काम है। ज़बान बोलचाल की हो और कविता में भावों की गहराई भी हो तभी उसे कविता कहा जायेगा। तो जो शब्द चारों ओर के माहौल में और बोलने वालों की ज़बान पर होते हैं, उन्हीं

में ऊँची बातें कहना कुछ वैसा ही काम है जैसा कुम्हार जिस मिट्टी से बर्तन बनाता है उसकी पहचान करना जरूरी है। किसी भी मिट्टी से न खिलौने बनेंगे और न बर्तन। यह मुश्किल पसन्दी ही कविता का राज़ है और भाषा परिचित होते हुए भी पाठक को ठहर कर दुबारा, तिबारा गौर करना होगा कि बात क्या बनी और कैसे बनी।''

जनाब **अहद प्रकाश भोपाल** के मतानुसार ''अशोक 'मिजाज़' निःसन्देह हिन्दी ग़ज़ल के सम्राट अशोक हैं।

हिन्दी भाषा में लिखी इनकी ग़ज़लें हर तरह से प्रशंसनीय और विचारणीय हैं। इनके हर एक शेर में एक नया आसमान खुलता नज़र आता है जिसमें हज़ारहा ज़मीनें समन्दरों के साथ नये दृश्य और नये बिम्ब प्रस्तुत करती नज़र आती हैं। वो इस सदी के स्वच्छ और खरे शाइर हैं।

ज़िन्दगी के दुख-दर्द, परेशानी, बेचारगी, संघर्ष और स्वाभिमान के शेर उन्हें एक अलहदा और चमकदार शाइर बनाते हैं।

ग़ज़ल में अशोक 'मिज़ाज' ने बहुत ही ख़ूबसूरत और दिल को छूने वाले तजुर्बे किये हैं। इन तजुर्बों के साथ-साथ उन्होंने सामाजिक सरोकार और मानवीय संवेदनाओं को हमेशा तरजीह दी है, शाइरी उनके यहाँ महज़ लफ़्फ़ाज़ी और वाहवाही का ज़रिया नहीं रही बल्कि उनके यहाँ बेबाक़ी और इन्क़िलाबी तेवर भी ख़ूब मिलते हैं।

निःसन्देह अशोक 'मिज़ाज' हिन्दुस्तानी शाइरी में मील का पत्थर बनके उभरे हैं।''

जनाब **ज़हीर क़ुरैशी** के अनुसार अशोक 'मिज़ाज' नये दौर के शाइर हैं उनकी ग़ज़लों में कथन भंगिमा उनको एक स्वाभाविक शाइर के रूप में प्रस्तुत करती है। मूलतः वह प्रेम के शाइर हैं इसी कारण उनके अधिकांश शेरों में शान्ति, मुहब्बत, भाईचारा और खुशहाली के सन्देशों के साथ-साथ विरह की परिस्थितियों के मनोवैज्ञानिक पहलू भी उजागर हुए हैं। लेकिन थोड़े से ही सही अशोक 'मिज़ाज' की शायरी में कहीं-कहीं ऐसे भी जुगनू चमकते हैं जो उन्हें सरोकारों का शाइर बनाते हैं। उन शेरों को पढ़कर लगता है कि आज की सियासत से लेकर देश दुनिया के ज्वलन्त मुद्दों को भी शेरों की सीमा में लाना, अपने कथन का विषय बनाना चाहते हैं।

अशोक 'मिज़ाज' घर, दाम्पत्य, पारस्परिक सौहार्द, जीवन की भागदौड़ के बीच से कुछ ऐसे शेर निकालते हैं जो सोचने पर मजबूर करते हैं।

राजनीतिक परिदृश्य के शेर अशोक 'मिज़ाज' के यहाँ बहुत कम हैं लेकिन

जहाँ भी हैं उनकी व्यंजना अचूक है। इन ग़ज़लों के माध्यम से अशोक 'मिज़ाज' का जो ग़ज़लगो स्वरूप बनता है उसमें थकने के लिए कोई जगह नहीं है। मुझे विश्वास है कि अशोक 'मिज़ाज' लोकप्रियता के व्यामोह में न फँसते हुए ग़ज़ल की उस अदबी दुनिया में अपना स्थान बनायेंगे, जो साहित्यकार को अजर अमर बनाती है।

अब इसके बाद अशोक 'मिज़ाज' की ग़ज़लों पर एक सम्यक दृष्टि—

अशोक 'मिज़ाज' ऐसे शाइर हैं जिन्हें अपनी भाषा से तो प्रेम है ही अन्य भाषाओं को भी अपने क़रीब देखना चाहते हैं। इनकी ग़ज़लों में प्रेम, सौन्दर्य और वर्तमान विसंगतियों के स्वर साफ़ सुने जा सकते हैं। जीवन और जीवन संघर्षों को इन्होंने अपनी ग़ज़लों का विषय बनाया है।

सचमुच शब्दों की वास्तविक सामर्थ्य अशोक 'मिज़ाज' की ग़ज़लों में दिखाई पड़ती है। सारे शब्द रोचक और शक्तिशाली हैं जिनके माध्यम से अपनी भावनाओं प्रेरणाओं के अनेकानेक पहलुओं को संवेद्य शब्द रचना में पकड़ने की सफल कोशिश मिलती है। ऐसा इसलिए सम्भव हो पा रहा है कि अशोक 'मिज़ाज' जिस काल से गुज़र रहे हैं वह चौकाने वाला और परेशान करने वाला है। कोई भी रचनाकार अपने कालखंड का गवाह होता है। अशोक 'मिज़ाज' ने अपनी ग़ज़लों के माध्यम से समकालीन समस्याओं की भयावहता से हमें परिचित कराया है। बाज़ार संस्कृति के युग में हमारे आदर्श और विचार भी बदलते जा रहे हैं। अपने परिवेश के प्रति अतिशय संवेदनशील होने के कारण बदले परिवेश की गहरी चिन्ता के साथ वे इसे देखते हैं। अशोक 'मिज़ाज' को यह चिन्ता उन्हें सामाजिकता के साथ जोड़ती है। वैश्विक परिप्रेक्ष्य में उभरता मनुष्य का बेसहारापन, अकेलापन, जीवन की अखंडता और निरर्थकता को अपनी ग़ज़लों में इस प्रकार व्यक्त करते हैं—

बदल रहे हैं यहाँ सब रिवाज क्या होगा
मुझे ये फ़िक्र है कल का समाज क्या होगा।
हर एक सिम्त हैं दहशत, तनाव के मंज़र
हर एक शख़्स सवाली है आज क्या होगा।

उनकी ग़ज़ल का चित्र एकस्तरीय नहीं होता। हाँ, भले भाव और विचार के केन्द्रीय परिप्रेक्ष्य में इसे अवश्य देखा जा सकता है। ग़ज़ल की यह परम्परा भी है। अशोक 'मिज़ाज' भी इस परम्परा के साथ चलते हैं। अपनी ग़ज़लों में जीवन यथार्थ और प्रचलित भाषायी मान्यताओं के साथ चलते हैं। जिस कारण प्रचलित मूल्य और जीवन संकेत नकारे नहीं जा सकते। कहन के लालित्य और जीवन के

क्षोभ के माध्यम से बड़ी-बड़ी बातें अर्थों के कतिपय आयामों के साथ व्यक्त कर लेते हैं। जिसमें अनेक जीवनानुभव, अपने आशयों, तनावों, अन्तर्विरोधों के साथ विन्यस्त होते हैं। जिन्हें गम्भीरता के साथ देखा और परखा जाना चाहिए। मसलन—

हवस परस्त की शैतानियाँ ये क्या जानें।
घरों में बैठी हुई लड़कियाँ ये क्या जानें
ये घर ग़रीब का है या किसी अमीर का है
फ़लक से गिरती हुई बिजलियाँ ये क्या जानें।

या

कभी तो सोचो कि ये ख़ानदान किसका है
ज़मीन किसकी है ये, आसमान किसका है
अलग हैं फूल अलग रंग हैं अलग ख़ुशबू
ये रहमतों से भरा इत्रदान किसका है

अशोक 'मिज़ाज' को यथार्थबोध ने भले ही कड़वा बना दिया हो लेकिन ग़ज़लों की पठनीयता बची हुई है। इसका कारण है भाषा का लालित्य और शब्दों का सौन्दर्यबोध। ग़ज़लों की भाषा बिल्कुल किताबी नहीं है। आम बोलचाल की भाषा है। जिसमें पठनीयता की भरपूर शक्ति है व सम्प्रेषणीयता है। वैसे तो दुष्यन्त ने भी उर्दू शब्दों का खुलकर प्रयोग किया है लेकिन अशोक 'मिज़ाज' की ग़ज़ल में उर्दू के शब्द बड़े सहज भाव से आते हैं वह उतने कठिन भी नहीं होते हैं। इसका कारण है कि अशोक 'मिज़ाज' इस बात का ख़याल रखते हैं कि उनकी बात पाठक की आत्मा तक पहुँचे। वो ख़ुद कहते हैं—

मैं अपने शेरों में इतना ख़याल रखता हूँ
कहा गया है जो उनमें तुझे सुनाई दे।

यक़ीनन अशोक 'मिज़ाज' की ग़ज़लें ख़ूबसूरती और तग़ज़्ज़ुल से लबरेज हैं। इनकी ग़ज़लों में ग़ज़ल की अपनी ज़मीन, अपनी फ़िक्र, अपना लहजा, अपना रंग और रवानी तो है पर वो जब दूसरों की ज़मीन छूते हैं तो उस पर भी अपना रंग आसानी से चढ़ा देते हैं। मसलन—ग़ालिब की ज़मीन में वो कहते हैं--

शायद वो मेरी फ़िक्र को, पहचान गयी है,
कुछ रोज़ से आती नहीं, बिटिया मेरे आगे।

और

आज तेरे पास ये अच्छा बुरा जो कुछ भी है,
कुछ तेरे आमाल का है, कुछ तेरी तक़दीर का।

आज का जीवन प्रतिकूलताओं के बीच खड़ा है प्रत्येक रचनाकार को

सामाजिक दरार का अनुभव है क्योंकि आधुनिकता एक कालसापेक्ष पद है जिसका वस्तु अर्थ देशकाल के अनुसार बदलता रहता है। आधुनिकतावाद का यह चिन्तन व्यक्तिवाद, यन्त्रवाद, परिवर्तनवाद, अर्थवाद जैसी प्रवृत्तियों का व्यक्त-अव्यक्त है जो परम्परा, इतिहास, अध्यात्म, स्थिरता, रूढ़ि तथा बाह्य यथार्थ के समस्त परनिश्चित आकारों का विरोध करता है। अशोक 'मिज़ाज' की ग़ज़लों को इन्हीं कसौटी पर कसकर देखने की आवश्यकता है। ऊपर-ऊपर सहज लगने के बावजूद भीतर जाने पर इनमें एक नये अर्थबोध का सामना करना पड़ता है। वैसे अर्थबोध जो हमें समतामूलक समाज की कल्पना के लिए विवश करते हों—

एक मुद्दत से मेरी आँखों में ठहरा पानी,
घर बना ले न कहीं दिल में ग़मों का पानी,
दिल से निकली हुई आहें भी बनेंगी बादल
एक दिन टूट के बरसेगा ये जमता पानी ॥

समष्टिपरक यथार्थ की अभिव्यक्ति साफ़ और तीखी है लेकिन व्यक्तिनिष्ठ दृष्टि से अन्वेषित यथार्थ की अपेक्षा व्यक्त यथार्थ मूलतः भिन्न है। यह आदमी का जीवन यथार्थ है। वर्णित दोनों शेर जीवन परिधि को लाँघते नज़र नहीं आते। जीवन की सम्बद्धता का भावबोध प्रभावी रूप से उभरता है। निर्मित या बनावट का भाव नहीं है। भाषा और अनुभव की बेहतर संरचना है हम इसे अशोक 'मिज़ाज' के कहन की सफलता मानते है—

रोकती हैं रास्ता जब लाल पीली बत्तियाँ
याद आती हैं मुझे वो गाँव की पगडंडियाँ
फिर वही बस्ते, वही स्कूल बस का इन्तज़ार
ख़त्म होने जा रही हैं, गर्मियों की छुट्टियाँ

फूल, ख़ुशबू, तितली, मौसम ग़ज़ल के आकर्षण रहे हैं जिनमें अपनी परम्परा सांस्कृतिक सीमाओं के विस्तार का सुख प्राप्त होता है। हिन्दी ग़ज़ल के अतिरिक्त अन्य विधाओं ने भी इस विषय पर साहित्य का यथार्थ दस्तावेज प्रस्तुत किया है। परन्तु हाल के दिनों में समकालीन यथार्थ का भरम और इसकी विसंगतियों ने साहित्यकारों को काफ़ी बेचैन और परेशान किया है। परिवेश तेज़ी से बदल रहा है। कथ्य और शिल्प में भी बदलाव देखा जा रहा है। सौन्दर्य के सारे विषय बदल गये। उनके स्थान पर आर्थिक निर्भरता की जद्दोजहद, आधुनिक जीवन की वीभत्सता, संवेदनात्मक शोषण, ऐश्वर्यपूर्ण जीवन जीने की दमित आकांक्षा का संघर्ष, उत्तर-आधुनिकता की चरित्रहीनता, धार्मिक उन्माद और आतंकवाद जैसे विषय रचनात्मक इज़हार के रूप में परिणत हो गये। इन्हीं द्वन्द्वों को अशोक

'मिज़ाज' की ग़ज़लें सार्थकता प्रदान करती हैं। मिज़ाज अपनी ग़ज़लों में प्रेम की बातें तो करते ही हैं लेकिन जहाँ विद्रोह की गुंजाइश बनती है, विरोध करने से नहीं चूकते हैं। दोनों ही अवस्थाओं में जनभावनाओं का हित प्रबल होता है। इनकी ग़ज़लों के भीतर कोई छद्म संसार नही हैं जो कल्पनाओं की गाँठों में उलझकर रह जाए और न ही सूफ़ी सन्तों का मायावी संसार है, जो कहते हैं साफ़ कहते हैं—

अब ग़ज़ल का बदल रहा है मिज़ाज
लहजा-लहजा नया, नया है मिज़ाज
ये है इक्कीसवीं सदी की ग़ज़ल
तंग कपड़े खुला-खुला है मिज़ाज

या

इक तीर एक पक्षी के दिल में अटक गया
निकली जो मुँह से आह तो पत्थर चटक गया
कहते हैं ये ग़ज़ल है उसी दर्द की कराह
जंगल की झाड़ियों में हिरन जब अटक गया

या

बाग़ में नागफ़नी का भी शजर लगता है
ख़ूबसूरत हो अगर ऐब, हुनर लगता है
अब घरों में ही दुकानों की सजावट है यहाँ
अब किसे फ़िक्र कि बाज़ार किधर लगता है

उपर्युक्त कथनों के सारांश के आधार पर यही कहा जा सकता है कि अशोक 'मिज़ाज' ने हिन्दी ग़ज़ल को अपनी कोशिशों से उर्दू ग़ज़ल के समानान्तर लाकर खड़ा कर दिया है। उनकी ग़ज़लों की चर्चा किये बग़ैर हिन्दी ग़ज़ल की चर्चा सम्भव नहीं है।

डॉ. अनिरुद्ध सिन्हा
गुलज़ार पोखर,
मुंगेर, बिहार-811201
मो. : 09430450098

मेरी ग़ज़ल सुनोगे तो महसूस करोगे,
तुम जिसको ढूँढ़ते थे वो आवाज़ यही है।
उर्दू कहें कि हिन्दी कहें आपकी मर्ज़ी,
अपना तो ग़ज़ल कहने का अन्दाज़ यही है।

अशोक 'मिज़ाज'

बदल रहे हैं यहाँ...

बदल रहे हैं यहाँ सब रिवाज क्या होगा,
मुझे ये फ़िक्र है कल का समाज क्या होगा।

दिलो-दिमाग़ के बीमार हैं जहाँ देखो,
मैं सोचता हूँ यहाँ रामराज क्या होगा।

लहू तो कम है मगर रक्तचाप भारी है,
अब ऐसे रोग का आख़िर इलाज क्या होगा।

न सुर समझते हैं ये और न ताल की संगत,
यमन सुनाओ इन्हें या खमाज क्या होगा।

हरएक सिम्त हैं दहशत, तनाव के मंज़र,
हरएक शख़्स सवाली है आज क्या होगा।

बदल रहे हैं ज़ुबानो-बयान के तेवर,
अब आने वाली ग़ज़ल का 'मिज़ाज' क्या होगा।

मुझ पर इनायतें हैं...

मुझ पर इनायतें हैं कई साहिबान की,
कुछ हैं ज़मीन वालों की, कुछ आसमान की।

अपने सफ़र का तन्हा मुसाफ़िर नहीं हूँ मैं,
इज़्ज़त जुड़ी है मुझसे मेरे ख़ानदान की।

दफ़ना दिया गया था जिसे बेकफ़न कभी,
तसवीर पूजते हैं वो अब उस महान की।

वो मुझको आज़मा के कड़ी धूप में रहा,
मुझको ख़िज़ाँ[1] बहार लगी, इम्तहान की।

'ख़ुसरो अमीर' की या 'बरहमन' की हो ग़ज़ल,
मुहताज कब रही है किसी भी ज़ुबान की।

हिन्दी की अपनी शान है, उर्दू की अपनी शान,
दोनों ही आनबान हैं, हिन्दोस्तान की।

1. पतझर।

हवस परस्त की शैतानियाँ...

हवस परस्त[1] की शैतानियाँ, ये क्या जानें,
घरों में बैठी हुई लड़कियाँ, ये क्या जानें।

ये घर ग़रीब का है, या किसी अमीर का है,
फ़लक[2] से गिरती हुई बिजलियाँ, ये क्या जानें।

इक-आध रोज़ रंगे हाथ पकड़ी जायेंगी,
गुलों पे बैठी हुई तितलियाँ, ये क्या जानें।

बुढ़ापा उनपे भी आख़िर कभी तो आयेगा,
जवान होती हुई पीढ़ियाँ, ये क्या जानें।

हरेक शख़्स यहाँ असलियत से वाक़िफ़ है,
सफ़ेद पोश, बड़ी हस्तियाँ, ये क्या जानें।

हमारी जान की दुश्मन हैं, ख़्वाहिशें अपनी,
गले में पड़ती हुई रस्सियाँ, ये क्या जानें।

1. वासना के पुजारी, 2. गगन।

तुम अपने ग़म का...

तुम अपने ग़म का कोई राज़दार मत करना,
ग़मों में और नया ग़म शुमार मत करना।

ये बात कोई शिकारी कहाँ समझता है,
'थके हुए हैं परिन्दे शिकार मत करना'।

गिरा सको तो गिरा दो ये नफ़रतों के महल,
तुम अपने दिल में ज़रा भी दरार मत करना।

ये काग़ज़ों पे सुख़न[1] रहनुमाई[2] करता है,
नज़र से इसको कभी दरकिनार[3] मत करना।

क़रार पाने की कोशिश तो है फ़िज़ूल 'मिज़ाज',
तुम अपने दिल को सिवा बेक़रार मत करना।

---

1. लेखन, 2. पथ-प्रदर्शन, 3. उपेक्षा।

हम लोग अपनी राह...

हम लोग अपनी राह की दीवार हो गये,
इक दूसरे के वास्ते तलवार हो गये।

अब तो बुलन्द और ज़रा हौसला करो,
पत्थर जो मील के थे वो दीवार हो गये।

तूफ़ाँ में हमको छोड़ के जाने का शुक्रिया,
अब अपने हाथ पाँव ही पतवार हो गये।

परदे की बात परदे पे खुलकर जो आ गयी,
बच्चे समय से पहले समझदार हो गये।

कलयुग का दौर सच है मशीनों का दौर है,
इन्सान जिनके सामने बेकार हो गये।

इतनी ज़रा सी बात पे हैरान है 'मिज़ाज',
काग़ज़ के फूल कैसे महकदार हो गये।

फैला हुआ है...

फैला हुआ है ज़हरे-सियासत[1] कहाँ-कहाँ,
करते फिरेंगे आप हिफ़ाज़त कहाँ-कहाँ।

मज़हब धरम के नाम पे हमने ये क्या किया,
शरमा रही है आज रफ़ाक़त[2] कहाँ-कहाँ।

बेग़ैरती[3] से हार न माने तो क्या करें,
आयी है दरम्यान शराफ़त कहाँ-कहाँ।

नादानियों में हमने जिसे खो दिया कभी,
पेश आ रही है उसकी ज़रूरत कहाँ-कहाँ।

मन्दिर बहुत हैं और बहुत-सी हैं मस्जिदें,
पूजा कहाँ-कहाँ है, इबादत कहाँ-कहाँ।

उनकी ज़ुबाँ पे आज मेरे शेर आ गये,
पहुँचा मेरा पयामे-मुहब्बत[4] कहाँ-कहाँ।

सीखो नये ज़माने से कुछ बेतकल्लुफ़ी[5],
माँगोगे तुम 'मिज़ाज' इजाज़त कहाँ-कहाँ।

---

1. राजनीति का ज़हर, 2. सहचरता, 3. निर्लज्जता, 4. प्रेम सन्देश, 5. निःसंकोचता।

कभी तो सोचो...

कभी तो सोचो कि ये ख़ानदान किसका है,
ज़मीन किसकी है, ये आसमान किसका है।

अलग हैं फूल अलग रंग है अलग ख़ुशबू,
ये रहमतों से भरा इत्रदान किसका है।

रहीमो राम का, नानक का, बुद्धो-ईसा का,
ज़रा बताओ तो हिन्दुस्तान किसका है।

मुझे ज़रूर कोई जानता है अन्दर तक,
मेरे ख़िलाफ़ ये सच्चा बयान किसका है।

मिज़ाज मेरी ग़ज़ल का तुम्हें बताएगा,
चराग़ किसका है ये, ख़ानदान किसका है।

अब तो फूलों का तलबगार...

अब तो फूलों का तलबगार यहाँ कोई नहीं,
ऐसी चीज़ों का ख़रीदार[1] यहाँ कोई नहीं।

पहले कुछ लोग हुए हैं ये सही है लेकिन,
अब वतन तेरा परस्तार[2] यहाँ कोई नहीं।

सब के सब अपनी मसीहाई का दम भरते हैं,
हम ग़रीबों का मददगार यहाँ कोई नहीं।

सूखे होंठों की तरह फट गयी प्यासी धरती,
और बरसात के आसार यहाँ कोई नहीं।

एक आँगन है मेरा रात के बिस्तर हैं कई,
ये ग़नीमत है कि दीवार यहाँ कोई नहीं।

---

1. क्रेता, 2. पूजने वाला।

मुहब्बत अम्न ख़ुशहाली...

मुहब्बत अम्न ख़ुशहाली ये हर इन्सान की चाहत,
ये हिन्दुस्तान की चाहत ये पाकिस्तान की चाहत।

ये सारी सरहदें बन जायेंगी पुल देखना इक दिन,
पुकारेगी कभी इन्सान को इन्सान की चाहत।

हम इन्साँ हैं तो बस इन्सानियत का धर्म अपनायें,
यही गीता की चाहत है यही क़ुरआन की चाहत।

इरादे नेक रखना और मंज़िल पर नज़र रखना,
यही है राम की चाहत यही रहमान की चाहत।

कल क्या थी...

कल क्या थी और आज ये क्या हो गयी ग़ज़ल,
ग़ज़लों की भीड़ भाड़ में ही खो गयी ग़ज़ल।

लफ़्ज़ों का भेष धर के मेरे दर्द हँस दिए,
मैंने भी मुस्कुरा के कहा हो गयी ग़ज़ल।

मैं जागता रहा तो ग़ज़ल जागती रही,
मैं सो गया तो साथ मेरे सो गयी ग़ज़ल।

तनहाइयों की चुप ने मेरे होंठ सी दिए,
दिल की ज़ुबाँ खुली तो बयाँ हो गयी ग़ज़ल।

कल मीर की थी आज किसी और की हुई,
चाहा जहाँ ख़ुदा ने वहाँ हो गयी ग़ज़ल।

हरदम मेरे मिज़ाज में शामिल रही 'मिज़ाज',
मैं ढूँढ़ता रहा कि कहाँ खो गयी ग़ज़ल।

ज़िन्दगी वीरान है...

ज़िन्दगी वीरान है गुलज़ार करना है,
उम्र भर इक बेवफ़ा से प्यार करना है।

कागज़ों के भी कलेजे फट गये आख़िर,
अब क़लम में और कितनी धार करना है।

ये ग़ज़ल इक लम्बी दूरी की मिसाइल है,
इसका मक़सद नफ़रतों पे वार करना है।

एक दुल्हन जिस तरह सजती सँवरती है,
हर ग़ज़ल का इस तरह शृंगार करना है।

इस नगर के आदमी भी पत्थरों से हैं,
और हमें जज़्बात का इज़हार करना है।

इक ग़ज़ल हर रात को...

इक ग़ज़ल हर रात को दिल में उभरती है,
आइने में जिस तरह दुल्हन सँवरती है।

खिड़कियों को आप कब तक बन्द रक्खेंगे,
इस सड़क से रात दिन दुनिया गुज़रती है।

एक ख़ाका खींचते हैं हम ख़यालों में,
ज़िन्दगी ताउम्र उसमें रंग भरती है।

चाँद और सूरज बनो तो याद ये रखना,
चाँदनी या धूप धरती पर उतरती है।

इस चमन में है कहीं इक रात की रानी,
शाम होते ही यहाँ ख़ुशबू बिखरती है।

इक्कीसवीं सदी की...

इक्कीसवीं सदी की अदा कह सकें जिसे,
ऐसा भी कुछ लिखो कि नया कह सकें जिसे।

आधी सदी के बाद भी औरत को क्या मिला,
आज़ादी-ए-वतन का सिला कह सकें जिसे।

घुलने लगा है ज़हरे-सियासत फ़िज़ाओं में,
अब वो हवा नहीं है हवा कह सकें जिसे।

तुमने वतन के साथ बड़ी बेवफ़ाई की,
हमने भी क्या किया कि वफ़ा कह सकें जिसे।

•

नज़रों के सामने...

नज़रों के सामने था मगर ढूँढ़ते रहे,
अपनी गली में अपना ही घर ढूँढ़ते रहे।

मौक़ा परस्त[1] हम से भी आगे निकल गये,
हम अपनी कोशिशों में कसर ढूँढ़ते रहे।

उसके लिए तो हमने सफ़र पर सफ़र किये,
जिसने जिधर बताया उधर ढूँढ़ते रहे।

जब मर गया फ़क़ीर तो सबकी नज़र गयी,
झोली में उसकी लालो-गुहर[2] ढूँढ़ते रहे।

तस्वीर तेरी मेज़ पे और ख़त दराज़ में,
इक चीज़ इधर रखके उधर ढूँढ़ते रहे।

अख़बार से हम आज के मायूस हो गये,
ख़बरों में ज़िन्दगी की ख़बर ढूँढ़ते रहे।

1. अवसरवादी, 2. हीरे मोती।

यहाँ ऐसा भी होता है...

यहाँ ऐसा भी होता है कि ताक़त हार जाती है,
अजी इक आम इन्साँ से हुकूमत[1] हार जाती है।

सियासत में हमारा भी कुछ ऐसा हाल है जैसे,
किसी बदनाम औरत से शराफ़त हार जाती है।

बड़े लोगों के कपड़ों तक कहाँ कीचड़ पहुँचता है,
अगर दौलत हो, ओहदा हो तो ज़िल्लत[2] हार जाती है।

सुलह से ही ज़ियादा तर मुक़दमे ख़त्म होते हैं,
कचहरी के झमेलों से अदावत[3] हार जाती है।

बुलन्दी तक पहुँचने में कोई दिक्कत नहीं होती,
बुलन्दी से उतरते हैं तो हिम्मत हार जाती है।

1. सरकार, 2. अपकीर्ति (अपमान), 3. दुश्मनी।

मुहब्बतों में भी दुश्वारियाँ...

मुहब्बतों में भी दुश्वारियाँ निकलती हैं,
वफ़ा के नाम पे लाचारियाँ निकलती हैं।

हमारे दिल का हर इक ज़ख़्म भर गया लेकिन,
कुरेदा जाये तो पिचकारियाँ निकलती हैं।

हमारी राह तो कच्ची सड़क है बारिश की,
किनारा काट के सब लारियाँ निकलती हैं।

मेरा मिज़ाज भी पत्थर सा हो गया है 'मिज़ाज',
जो चोट खाऊँ तो चिंगारियाँ निकलती हैं।

मेरे लफ़्ज़ों के...

मेरे लफ़्ज़ों के परदे में मेरा संसार देखोगे,
कभी तन्हाइयों में जब मेरे अश्आर[1] देखोगे।

दिखाई कुछ नहीं देगा, समझ में कुछ न आयेगा,
गुज़रती रेल की जब पास से रफ़्तार देखोगे।

मेरे दिल में न झाँको, दिल में क्या है मैं बताता हूँ,
मुहब्बत है मुहब्बत में वफ़ा की मार देखोगे?

लिबासो-शक्ल पर जाना नहीं दानिशवरी[2] कोई,
मैं समझा था कि तुम आकर मेरा किरदार देखोगे।

मेरी आँखों के पानी को न तौलो आँखों आँखों में,
समन्दर तो समन्दर है कहाँ उस पार देखोगे?

---

1. शेर का बहुवचन, 2. बुद्धिमानी।

मस्अला नाज़ुक बहुत है...

मस्अला[1] नाज़ुक बहुत है, इस तरह पेश आओ मत,
जो बुझा सकते नहीं उस आग को भड़काओ मत।

दिल बड़ा रक्खो कि सारे ग़म तुम्हें छोटे लगें,
एक दिन अपना ज़माना आयेगा, घबराओ मत।

ये जो ख़ामोशी है इसको, और कुछ समझो न तुम,
ये मुहब्बत है, मुहब्बत को कभी ठुकराओ मत।

इक नया इतिहास लिखने के लिए उट्ठो 'मिज़ाज',
हो गया जो हो गया, अब तुम उसे दुहराओ मत।

1. समस्या।

हर इक सवाल को...

हर इक सवाल को पढ़ना है ध्यान देना है,
तमाम उम्र हमें इम्तहान देना है।

उधार ले के बना तो लिया है लेकिन अब,
हमें किराये पे आधा मकान देना है।

कभी ख़ुशी तो कभी ग़म हमारे मेहमाँ हैं,
हमें सभी को बराबर का मान देना है।

हमारे शहर की हालत ज़रूर सुधरेगी,
इक एक सिक्का हमें सिर्फ़ दान देना है।

नयी सदी में पुराने से कुछ ख़यालों को,
नयी ज़मीन नया आसमान देना है।

जीने का बेहतरीन सहारा...

जीने का बेहतरीन सहारा बना लिया,
हमने ग़ज़ल को साँसों का हिस्सा बना लिया।

काँटों की धड़कनों को सुनेंगे तमाम उम्र,
हमने घड़ी को आज से अपना बना लिया।

मन्दिर तो दूर घर भी कहाँ रोज़ जा सके,
फिर यूँ किया कि दिल को शिवाला बना लिया।

कुछ भी कहे कोई तो बुरा मानते नहीं,
हमने अब अपने आप को ऐसा बना लिया।

घर में तो अपने फूलों से लिपटे रहे 'मिज़ाज',
बाहर गये तो काँटों में रस्ता बना लिया।

मत ले जाओ...

मत ले जाओ सारी बातों को घर तक,
बाहर की बातों को रक्खो बाहर तक।

दिन की कड़वाहट को मीठे सपने दो,
जब हम पहुँचें महके अपना बिस्तर तक।

जीवन जीना कसरत करने जैसा है,
कोशिश करना है बेहतर से बेहतर तक।

सारी सड़कें मिल जाती हैं मिट्टी में,
धँस जाते हैं मील के सारे पत्थर तक।

अब दुनिया से क्या हमको लेना देना,
इक रस्ता घर से जाता है दफ़्तर तक।

अगर नहीं भी है...

अगर नहीं भी है फिर भी निभाई जाती है,
कुछ इस तरह भी मुहब्बत जताई जाती है।

क़लम पकड़ना न आया हमें ख़ुदा जाने,
लकीर हाथ में कैसे बनाई जाती है।

अजीब हाल है इस दौर में सियासत का,
परायी आग में खिचड़ी पकाई जाती है।

मैं शेर कहके हवाओं में घूम लेता हूँ,
कि जैसे लिख के सियाही सुखाई जाती है।

दुनिया की रौनक़...

दुनिया की रौनक़ से होकर, मन्दिर की तन्हाई तक,
धीरे-धीरे हम पहुँचे हैं साहिल[1] से गहराई तक।

आज ज़मीं के तेवर देखे, करवट से अँगड़ाई तक,
टूट गये टाँके कपड़ों के, उधड़ गयी तुरपाई तक।

बेटी को पाला है हमने, लोरी से शहनाई तक,
अब उसकी दुनिया है उसके अपने घर अँगनाई तक।

किस की दुआओं से पहुँचे हैं हम इतनी ऊँचाई तक,
शुहरत में तब्दील[2] हुई है अब अपनी रुसवाई[3] तक।

मौसम के भी तेवर देखे, पतझर से अमराई तक,
और हवा के रुख़ भी देखे, पछवा से पुरवाई तक।

आज अदालत के चक्कर में अपना घर भी टूट गया,
पीढ़ी दर पीढ़ी गुज़री है पेशी से सुनवाई तक।

---

1. किनारा, 2. परिवर्तित, 3. बदनामी।

रंग बिरंगी दुनिया...

रंग बिरंगी दुनिया है इस दुनिया का हर पहलू देख,
तेरी आँखों से मैं देखूँ, मेरी आँखों से तू देख।

गमलों के फूलों को अपने, कमरे में ही रहने दे,
धूप लगी तो मुरझायेंगे, उड़ जायेगी खुशबू देख।

उनके घर में उजियारा है बस्ती में अँधियारा है,
उजले कपड़े वालों का है कैसा काला जादू देख।

मंज़िल की धुन में मत अन्धा होकर दौड़ अरे पागल,
ऊपर नीचे, आगे पीछे, आजू बाजू हर सू देख।

मैं ग़म के अश्क़ों को पीने का बरसों से आदी हूँ,
आज ख़ुशी इतनी सी पाकर भर आये हैं आँसू देख।

मुहब्बतों में वो...

मुहब्बतों में वो गहराइयाँ निकलती हैं,
तुम्हारे झूठ से सच्चाइयाँ निकलती हैं।

ये आग छुप नहीं सकती हज़ार परदों में,
नक़ाब ओढ़ के रुसवाइयाँ निकलती हैं।

ख़मोश रात को चुपचाप मेरे आँगन में,
तुम्हारी शक्ल में तन्हाइयाँ निकलती हैं।

हिरन समझ के न पीछा करो, ज़रा ठहरो,
फ़रेब देने को परछाइयाँ निकलती हैं।

मेरे लबों से हमेशा कोई ग़ज़ल बनकर,
तेरे जमाल की रानाइयाँ निकलती हैं।

ये गर्मियों की तपी शाम ख़ूबसूरत है,
अजब अदा से पुरवाइयाँ निकलती हैं।

'मिज़ाज' कितने ग़मों का गुमान होता है,
जो गुनगुनाऊँ तो शहनाइयाँ निकलती हैं।

मेरी ज़िद से तेरी हाँ...

मेरी ज़िद से तेरी हाँ तक फ़ासला ही फ़ासला,
इस ज़मीं से आसमाँ तक फ़ासला ही फ़ासला।

मैं ग़ज़ल से दूर हो जाऊँ तो लगता है मुझे,
जिस्म से जैसे हो जाँ तक फ़ासला ही फ़ासला।

रास्ते के पेड़ सर की धूप कम करते हैं बस,
है जहाँ मंज़िल वहाँ तक फ़ासला ही फ़ासला।

इक मुहब्बत से ही मुमकिन हैं सभी नज़दीकियाँ,
इस जहाँ से उस जहाँ तक फ़ासला ही फ़ासला।

ज़ुल्म के सामने तलवार हूँ...

ज़ुल्म के सामने तलवार हूँ, ख़ंजर हूँ मैं,
आज के दौर का बेबाक सुख़नवर[1] हूँ मैं।

मुझको हाथों पे भरोसा है लकीरों पे नहीं,
लोग कहते हैं मुक़द्दर का सिकन्दर हूँ मैं।

तुम किसे पूजने आये हो ख़बर है तुमको,
जिसको ठुकराया था तुमने वही पत्थर हूँ मैं।

लोग क्यूँ मुझपे उमीदों की नज़र रखते हैं,
कोई अवतार नहीं हूँ न पयम्बर हूँ मैं।

सिर्फ अख़बार में छपने का नहीं हूँ काइल,
काग़ज़ी फूल नहीं, एक सुख़नवर हूँ मैं।

कोई कुछ पल के लिए मेरे क़रीब आया था,
आज तक उसकी ही ख़ुशबू से मुअत्तर[2] हूँ मैं।

---

1. लेखक, 2. ख़ुशबू भरा।

रिश्ते जताने लोग मेरे घर भी...

रिश्ते जताने लोग मेरे घर भी आयेंगे,
फल आये हैं तो पेड़ पे पत्थर भी आयेंगे।

जब चल पड़े सफ़र को तो फिर हौसला रखो,
सहरा[1] कहीं, कहीं पे समन्दर भी आयेंगे।

कितना ग़ुरूर[2] था उसे अपनी उड़ान पर,
उसको ख़बर न थी कि मेरे पर भी आयेंगे।

मशहूर हो गया हूँ तो ज़ाहिर है दोस्तो,
इल्ज़ाम सौ तरह के मेरे सर भी आयेंगे।

नज़रें मिलाते वक़्त ये सोचा कभी न था,
दर तक जो आ गये हैं वो अन्दर भी आयेंगे।

थोड़ा सा अपनी चाल बदल कर चलो 'मिज़ाज',
सीधे चले तो पीठ में ख़ंजर भी आयेंगे।

---

1. रेगिस्तान, 2. घमंड।

ऐसा लहू तो आज से...

ऐसा लहू तो आज से पहले बहा न था,
कल तक हमारा ज़ख़्म तो इतना हरा न था।

नफ़रत की ठोकरों से मुहब्बत को तोड़ना,
ये तो किसी किताब ने तुमसे कहा न था।

बरबादियों का नाम है हीरोशिमा, डरो,
फिर उस जगह पे एक भी तिनका बचा न था।

दोनों के दरमान अना[1] आ गयी 'मिज़ाज',
मुझको यक़ीं है कोई किसी से ख़फ़ा न था।

1. अहम।

मेरी आँखों के ताल...

मेरी आँखों के ताल रीत गये,
अब तो सावन के दिन भी बीत गये।

मैंने सूरत दिखाई, हार गया,
वो मुखौटा लगा के जीत गये।

हम समझते थे जिनकी थाह नहीं,
आज ऐसे कुएँ भी रीत गये।

दिल की बाज़ी का कुछ हिसाब नहीं,
कितने हारे हैं, कितने जीत गये।

क्या ख़बर थी...

क्या ख़बर थी रंजिशें ही दर्मियाँ रह जायेंगी,
हम गले मिलते रहेंगे दूरियाँ रह जायेंगी।

ये नगर भी कारख़ानों का नगर हो जायेगा,
इन दरख़्तों की जगह कुछ चिमनियाँ रह जायेंगी।

धीरे धीरे शोर सन्नाटों में गुम हो जायेगा,
और सड़कों पर चमकती बत्तियाँ रह जायेंगी।

रात जब अपने लिहाफ़ों में छुपा लेगी हमें,
हाथ मलती और ठिठुरती सर्दियाँ रह जायेंगी।

हमने सोचा था कि उनका हाथ होगा हाथ में,
क्या ख़बर थी हाथ में बस चिट्ठियाँ रह जायेंगी।

ये तमाशा और थोड़ी देर तक होगा अभी,
फिर यहाँ बस ख़ाली ख़ाली कुर्सियाँ रह जायेंगी।

आग थोड़ी देर को बुझ जायेगी लेकिन 'मिज़ाज',
राख के नीचे दबी चिंगारियाँ रह जायेंगी।

अदब नवाज़ हैं...

अदब नवाज़[1] हैं दुश्मन तो हम अदब[2] के नहीं,
ये और बात है क़ाबिल किसी लक़ब[3] के नहीं।

तुम्हारे दिल में हमारे लिए भी कुछ तो है,
ये बेरुख़ी ये तग़ाफुल[4] बिना सबब के नहीं।

किसी किसी पे ग़ज़ल मेह्‌रबान होती है,
जहाँ में ऐसे मुक़द्‌दस[5] नसीब सब के नहीं।

ये मेरे ख़ून के आँसू गिरे हैं काग़ज़ पर,
निशाँ किताब में मेरी किसी के लब के नहीं।

वही, फ़ज़ा[6] है वही पेड़ हैं वही मौसम,
मगर वो पहले सी दिलकश बहार अब के नहीं।

1. साहित्य के पुजारी, 2. साहित्य, 3. उपाधि, 4. बेरुखी, 5. पवित्र, 6. वातावरण।

वफ़ा के दीप जलाना...

वफ़ा के दीप जलाना, किसी के बस का नहीं,
यहाँ वो राग सुनाना किसी के बस का नहीं।

नयी लकीर बनाने की कोशिशें तो करो,
लिखे हुए को मिटाना किसी के बस का नहीं।

ये चलते फिरते हुए पत्थरों के पुतले हैं,
इन्हें हँसाना रुलाना किसी के बस का नहीं।

वहाँ पहुँच के किसी ने मुझे सदा[1] दी है,
जहाँ से लौट के आना किसी के बस का नहीं।

ये आँखें खोले हुए सो रहे हैं, अन्धे हैं,
'मिज़ाज' इनको जगाना किसी के बस का नहीं।

1. आवाज़।

मई गुज़ार के...

मई गुज़ार के जल्दी से जून आ जाये,
हवायें चलने लगें मानसून आ जाये।

ज़रा सी देर में उठकर टहलने लगता हूँ,
किसी बहाने ज़रा सा सुकून आ जाये।

मैं आँखें बन्द करूँ तो मेरे ख़यालों में
कभी मसूरी कभी देहरादून आ जाये।

कहीं से आये वो बारिश की सोंधी-सोंधी महक
मेरी शिकस्ता रगों में जुनून आ जाये।

इसी उमीद में साहिल पे आ के बैठे हैं,
हमारे हाथ भी इकआध नून[1] आ जाये।

मैं शेर कह के रिसालों[2] में भेज देता हूँ,
किसी के काम तो आख़िर ये ख़ून आ जाये।

1. मछली, 2. पत्रिकाओं।

हम फ़क़ीरों की कोई...

हम फ़क़ीरों की कोई फ़रियाद क्या?
ज़िन्दगी की आस क्या औलाद क्या?

इश्क़ में आबाद क्या बरबाद क्या?
रोमियो क्या क़ैस क्या फ़रहाद क्या?

फ़िक्र माज़ी[1] की भला हम क्यूँ करें?
और होना है अब इसके बाद क्या?

आँच के आगे सभी मजबूर हैं,
काँच क्या है, संग[2] क्या, फ़ौलाद क्या?

बुलबुलों को कुछ ख़बर होती नहीं,
सोचता है आज का सैयाद क्या?

शाइरों को एक ही गम इक ख़ुशी,
और कुछ भी है ग़ज़ल के बाद क्या?

---

1. अतीत, 2. पत्थर।

बस इतनी बात पर...

बस इतनी बात पर मग़रूर[1] हूँ,
कि शायद मैं तुझे मंजूर हूँ।

ज़माने के लिए मरहम हूँ मैं,
खुद अपने वास्ते नासूर[2] हूँ।

पसीने भर कमाई भी कहाँ?
मैं हिन्दुस्तान का मजदूर हूँ।

निभाना सबके बस का भी नहीं,
मुहब्बत का मैं वो दस्तूर हूँ।

मेरी बरदाश्त की हद हो चुकी,
मैं कुछ करने पे अब मजबूर हूँ।

1. गर्वित, 2. कभी न भरने वाला ज़ख़्म।

ऐसा लगता है...

ऐसा लगता है कि ये उम्र पहन आया है,
अब मेरे सर पे भी कुछ रंगे-कफ़न[1] आया है।

उम्र मर मर के गुज़ारी है, अभी तक हमने,
अब कहीं जा के हमें जीने का फ़न आया है।

लोग क्यूँ चाहते हैं उम्र से भी कम दिखना,
कैसी तहज़ीब है ये, कैसा चलन आया है।

ऐसा लगता है कि मैं तुझसे बिछड़ जाऊँगा,
तेरी आँखों में भी सोने का हिरन आया है।

यूँ तो दुनिया तेरी अच्छी है, बहुत अच्छी है,
एक ही शख़्स है, जिस शख़्स पे मन आया है।

1. सफ़ेद रंग।

सारी तारीफ़ उस...

सारी तारीफ़ उस हुनर की है,
'मीर' 'ग़ालिब' 'जिगर' 'ज़फ़र' की है।

अपनी हस्ती तो बस शिफ़र की है,
सारी ख़ूबी तेरी नज़र की है।

मेरी ग़ज़लों में मेरा कुछ भी नहीं,
फ़िक्र सारी इधर उधर की है।

सुब्ह फिर ज़िन्दगी से मिलना है,
ये जुदाई तो रात भर की है।

मौत आयी तो हमने ये सोचा,
ये सवारी नये सफ़र की है।

दूसरों की सलाह मत लेना,
ये लड़ाई तो अपने घर की है।

एक शाइर हूँ मैं, अशोक 'मिज़ाज',
ये इनायत उसी नज़र की है।

मेरे वनवास में...

मेरे वनवास में सब ठीक है, बस एक अड़चन है,
न कश्ती है, न केवट है, न सीता है, न लछमन है।

उदासी छायी रहती है, तो पतझर जैसा लगता है,
बरस जाती हैं जब आँखें, तो लगता है कि सावन है।

ज़माने से शिकायत कुछ नहीं है, सिर्फ़ इतना है,
अभी कुछ रोज़ से मेरी ख़ुद अपने दिल से अनबन है।

हमारी शाइरी भी नौकरी के साथ चलती है,
कभी खटपट नहीं करती, ये कितनी अच्छी सौतन है।

न जाने आज क्या ऐलान कर डाला है, साक़ी ने,
जनाबे शेख़ हैरत में है सकते में बरहमन है।

न हिन्दी है, न उर्दू है, न अरबी, फ़ारसी लाज़िम,
जो दिल की बात पहुँचाये दिलों तक शाइरी, फ़न है।

'मिज़ाज' अच्छी ग़ज़ल को देखकर महसूस होता है,
जलाई थी जो 'ख़ुसरो' ने वो शम्अ अब और रौशन है।

शोर आवाज़ से...

शोर आवाज़ से भी बढ़कर है,
ख़ामुशी गुफ़्तगू से बेहतर है।

मैं पहाड़ों को रौंद आया हूँ,
अब मेरे सामने समन्दर है।

मुझको सोना बना दिया उसने,
वो तो पत्थर था अब भी पत्थर है।

मेरी आहें भी सर्द निकली हैं,
आग सीने में इतने अन्दर है।

मेरी शुहरत पे हैरतें कैसी,
चाँदनी धूप का ही पैकर[1] है।

अब ग़ज़ल तुझ पे मेहरबाँ है 'मिज़ाज',
ये सभी को कहाँ मयस्सर है।

1. रूप।

क़त्ल के पीछे...

क़त्ल के पीछे कोई क़िस्सा भी है,
उसने अपने हाथ पे लिक्खा भी है।

मेरा दुश्मन मेरे ही सीने में था,
वो पशेमाँ[1] भी है शर्मिन्दा भी है।

आओ इन जिस्मों की नब्ज़ें[2] देख लें,
इन मरे लोगों में इक ज़िन्दा भी है?

इन पहाड़ों पर घने जंगल भी हैं,
हौसला है तो वहाँ रस्ता भी है।

---

1. पश्चात्ताप, 2. नाड़ी।

थोड़ी सी आग...

थोड़ी-सी आग उसके भी सीने में डाल दे,
मुझको भुलाने वाले को मेरा ख़याल दे।

कुछ फ़ायदा न होगा न माने तो रो के देख,
दो चार बूँद और समन्दर में डाल दे।

आवाज़ दे के देख चली आयेगी बहार,
ख़ामोशियों को बोलते लफ़्जों में ढाल दे।

हल ढूँढ़ने में अपनी सभी उम्र फूँक दें,
इन पीढ़ियों को ऐसे न जलते सवाल दे।

उस ज़ख़्म के लहू से मैं लिखता हूँ हर ग़ज़ल,
ऐसा न हो कि कोई वो ख़ंजर निकाल दे।

अपना सफ़र 'मिज़ाज' ज़ियादा तवील[1] है,
क़दमों को अपने और हवाओं की चाल दे।

1. विस्तृत।

वो बहारों का...

वो बहारों का अंग क्या होगी,
हर कली सुर्ख़ रंग क्या होगी।

आँसुओं से हज़ार धो डालो,
ग़म की चादर है तंग क्या होगी।

दिल में रंजिश ठहर नहीं सकती,
गर्म लोहे पे ज़ंग क्या होगी।

अब उड़ानों में सोचना कैसा,
कट गयी तो पतंग क्या होगी।

मेरा मक़्सद तो बस इबादत है,
ये सियासत के संग क्या होगी।

तू नक़ाबों में छुप के मिलता है,
दोस्ती अंतरंग क्या होगी।

है ग़ज़ल मेरी सात रंगों की,
ये धनक एक रंग क्या होगी।

चमन में आ के...

चमन में आ के उनको फूल भी चुनना नहीं आया,
वो पायेंगे भी क्या जिनको कभी झुकना नहीं आया।

हमारा दोस्तों से दूर होने का सबब ये है,
उन्हें चलना नहीं आया, हमें रुकना नहीं आया।

न मैं सूरज न चन्दा हूँ जो दिन या रात को चमकूँ,
उजाले की मैं वो लौ हूँ जिसे बुझना नहीं आया।

ग़ज़ल के शेर सीने में ही घुट कर रह गये आख़िर,
हमें कहना नहीं आया उन्हें सुनना नहीं आया।

किसी सवाल का...

किसी सवाल का तुमसे जवाब माँगा है,
कभी वफ़ाओं का हमने हिसाब माँगा है?

गरज रहे थे जो बादल वो हो गये ख़ामोश,
सुलगती रेत के दरिया ने आब[1] माँगा है।

मैं अपने चाँद के नखरे उठा के हार गया,
ख़ुदा से मैंने अब इक आफ़ताब[2] माँगा है।

हम अपने जकड़े हुए ज़ह्नों को करें आज़ाद,
वतन ने आज नया इन्क़िलाब[3] माँगा है।

---

1. पानी, 2. सूरज, 3. परिवर्तन।

ज़िन्दगी से न कुछ...

ज़िन्दगी से न कुछ गिला करना,
हर मुसीबत का सामना करना।

जब सफ़र ही सफ़र की मंज़िल है,
सुब्ह का इन्तज़ार क्या करना।

मंज़िलें ख़्वाब बनके रह जायें,
इतना बिस्तर से प्यार क्या करना।

ज़िन्दगी अनबुझी पहेली है
नित नया हल कोई लिखा करना।

मेरे हिस्से में चन्द ग़ज़लें हैं,
काग़ज़ों का हिसाब क्या करना।

ख़ुश मिज़ाजी है बादशाही 'मिज़ाज'
क्या किसी से कोई गिला करना।

ज़िन्दगी सब की...

ज़िन्दगी सब की शानदार रहे,
सबके हाथों में रोज़गार रहे।

दिल को ख़ाली कभी न रहने दो,
कुछ नहीं है, तो इन्तिज़ार रहे।

अम्न के वास्ते ज़रूरी है,
हम को इक दूसरे से प्यार रहे।

जिसको चाहें, उसे भुला भी सकें,
दिल पे इतना तो इख़्तियार[1] रहे।

इक ग़ज़ल, एक शेर, इक मिसरा[2],
कुछ तो अपनी भी यादगार रहे।

1. अधिकार, 2. पंक्ति।

अब ग़ज़ल का बदल...

अब ग़ज़ल का बदल रहा है मिज़ाज[1],
लहजा-लहजा नया, नया है मिज़ाज।

एक जैसे तो हो नहीं सकते,
सब का अपना जुदा-जुदा है मिज़ाज।

अपना बरताव खुशनुमा रखना,
शख़्सियत[2] का ही आइना है मिज़ाज।

दिल की चोटों का क्या गिला-शिकवा,
टूट जाना तो काँच का है मिज़ाज।

'मीर-ग़ालिब' की शोख़ ग़ज़लों का,
मोम सा दिल है, फूल सा है मिज़ाज।

ये है इक्कीसवीं सदी की ग़ज़ल,
तंग कपड़े खुला-खुला है मिज़ाज।

सब के होठों पे, अब ये चर्चा है,
एक शाइर नया हुआ है 'मिज़ाज'।

---

1. स्वभाव, 2. व्यक्तित्व।

कुछ अपनी पहचान...

कुछ अपनी पहचान बना कर चलना है,
इस दुनिया से नाम कमा कर चलना है।

नफ़रत तेरा नाम मिटा कर चलना है,
चाहत का पैग़ाम सुना कर चलना है।

इक सपनों की दुनिया है, इक ये दुनिया,
दो नावों में पैर जमा कर चलना है।

किसको फुर्सत है दुनिया के कामों से,
थोड़ा थोड़ा वक़्त चुरा कर चलना है।

एक लगन है मंज़िल पाने की अपनी,
बस इतना सा बोझ उठा कर चलना है।

चुभने वाले पत्थर काँटे चुन-चुन कर,
रस्ते रस्ते फूल बिछाकर चलना है।

सिर्फ़ सुनहरे अक्षर हों हर पन्ने पर,
इक ऐसा इतिहास बना कर चलना है।

ज़िन्दगी थाम लिया...

ज़िन्दगी थाम लिया करते हैं, बढ़कर लम्हे,
वक़्त आने पे बदलते हैं मुक़द्दर लम्हे।

आ भी जा तुझको बुलाते हैं, ये कहकर लम्हे,
फिर न आयेंगे बहारों के मुअत्तर[1] लम्हे।

हर घड़ी एक सा मौसम भी कहाँ रहता है,
हैं कहीं फूल से कोमल, कहीं पत्थर लम्हे।

सब मियादी हैं यहाँ दोस्ती-यारी, सुख-दुख,
किसने देखे हैं यहाँ उम्र से बढ़कर लम्हे।

ज़िन्दगी आज भी मसरूफ़[2] बहुत है लेकिन,
हम चले आये तेरे पास चुराकर लम्हे।

एक नाचीज़ को फ़नकार बना देते हैं,
हासिले-उम्र[3] हुआ करते हैं दम भर लम्हे।

---

1. महकते हुए, 2. व्यस्त, 3. उम्र का हासिल।

मत डरो...

मत डरो, बिन्दास चल दो,
"ज़िद करो, दुनिया बदल दो"।

जल रहे हैं जो अजल से,
उन सवालों के भी हल दो।

कोशिशें, कर के तो देखो,
एक मरहम और मल दो।

ये कमल कीचड़ में ख़ुश हैं,
लाख तुम पानी बदल दो।

आफ़तें जो सर उठायें,
उनको पैरों से कुचल दो।

नफ़रतों की इस सदी को,
प्यार की कोई ग़ज़ल दो।

इक तीर एक पक्षी...

इक तीर एक पक्षी के दिल में अटक गया,
निकली जो मुँह से आह तो पत्थर चटक गया।

कहते हैं ये ग़ज़ल है उसी दर्द की कराह,
जंगल की झाड़ियों में हिरन जब अटक गया।

दुनिया में सबसे ऊँचा है लफ़्ज़ों का ये पहाड़,
कोशिश हज़ार करके कलमकार थक गया।

सुनकर मेरी ग़ज़ल को ग़ज़लकार कह उठे
उर्दू ग़ज़ल में हिन्दी का लहजा खनक गया।

कोशिश भी तोड़ने की बहुत की गयी 'मिज़ाज',
लेकिन ये क्या कि शीशे से शीशा चिपक गया।

उससे बढ़कर भी...

उससे बढ़कर भी कोई शेर भला होता है,
जो निगाहों ने निगाहों से कहा होता है।

दिल उड़ा करता है आज़ाद परिन्दों जैसा,
और इन्सान रवायत[1] से बँधा होता है।

प्यार की चोट ज़माने को कहाँ दिखती है,
जिसको लगती है ये बस उसको पता होता है।

काश माथे पे लिखा होता मुक़द्दर अपना,
जिस तरह बन्द लिफ़ाफ़े पे पता होता है।

इक ज़रा देर मुझे साँस तो ले लेने दे,
शाम के वक़्त परिन्दा भी थका होता है।

अपनी आवाज़ भी खो जाती है तन्हाई में,
दिल के सन्नाटों में वो शोर बपा होता है।

1. रूढ़ि।

हर चीज़ तौलते हैं...

हर चीज़ तौलते हैं वो बाज़ार की तरह,
उनकी दुआ सलाम है व्यापार की तरह।

मुद्दे की बात पहले जहाँ थी वहीं रही,
आये भी वो, गये भी वो, हर बार की तरह।

ख़ुशियाँ हमें तो सिर्फ़ ख़याली पुलाव हैं,
मुफ़लिस के घर में ईद के त्योहार की तरह।

यूँ सरसरी निगाह से देखा न कीजिए,
पढ़िये न मुझको माँग के अख़बार की तरह।

चट्टान बन के सामने आये थे जो कभी,
गिरने लगे वो रेत की दीवार की तरह।

अपना ग़ुरूर छोड़ के मिलते हैं जब 'मिज़ाज',
उनका वजूद लगता है गुलज़ार की तरह।

बहुत से मोड़ हों...

बहुत से मोड़ हों जिसमें कहानी अच्छी लगती है,
निशानी छोड़ जाये, वो जवानी अच्छी लगती है।

सुनाऊँ कौन से किरदार बच्चों को, कि अब उनको,
न राजा अच्छा लगता है, न रानी अच्छी लगती है।

खुदा से या सनम से, या किसी पत्थर की मूरत से,
मुहब्बत हो अगर तो ज़िन्दगानी अच्छी लगती है।

पुरानी ये कहावत है, सुनो सबकी करो मन की,
कि अपने दिल पे खुद की हुक्मरानी अच्छी लगती है।

ग़ज़ल जैसी तेरी सूरत, ग़ज़ल जैसी तेरी सीरत,
ग़ज़ल जैसी तेरी सादाबयानी, अच्छी लगती है।

गुज़ारो साठ-सत्तर साल, मैदाने-अदब में फिर,
क़लम के ज़ोर से निकली, कहानी अच्छी लगती है।

मैं शायर हूँ, ग़ज़ल कहने का मुझको शौक़ है लेकिन,
ग़ज़ल मेरी मुझे तेरी जुबानी अच्छी लगती है।

दिलो-दिमाग़ को शायद...

दिलो-दिमाग़ को शायद ग़ज़ल से जोड़ गये,
वो हादसे[1] जो मेरी रूह[2] तक झिंझोड़ गये।

मेरी ग़ज़ल में नया एक शेर जोड़ गये,
वो तजरुबे[3] जो मेरी ज़िन्दगी निचोड़ गये।

सफ़र में साथ दिया अजनबी दरख़्तों ने,
हमें उमीद थी जिनसे वो दिल को तोड़ गये।

वो लोग हमको ज़ियादा भले लगे हैं 'मिज़ाज',
जो एक बार मिले दिल पे छाप छोड़ गये।

1. दुर्घटनाएँ, 2. आत्मा, 3. अनुभव।

दिलो-दिमाग़ को राहत...

दिलो-दिमाग़ को राहत कभी नहीं माँगी,
तेरे ख़याल से फुरसत कभी नहीं माँगी।

तुम्हारे दिल में ज़रा सी जगह का तालिब[1] हूँ,
ज़माने भर की रियासत कभी नहीं माँगी।

किसी के दिल को दुखाकर जो हमको हासिल हो,
ख़ुदा से हमने वो दौलत कभी नहीं माँगी।

पहुँच हमारी बहुत दूर तक रही लेकिन,
किसी से हमने रियायत कभी नहीं माँगी।

बग़ैर माँगे मिली है ये नेमतें[2] मुझको,
तेरे ग़ुलाम ने उजरत[3] कभी नहीं माँगी।

जो हमको दूर करे घर से उम्र भर के लिये,
ग़ज़ल से इतनी भी शोहरत कभी नहीं माँगी।

1. तलबगार, 2. ईश्वर प्रदत्त चीज़ें, 3. सेवा का प्रतिफल।

एक मुद्दत से...

एक मुद्दत से मेरी आँख में ठहरा पानी,
घर बना ले न कहीं दिल में ग़मों का पानी।

दिल से निकली हुई आहें भी बनेंगी बादल,
एक दिन टूट के बरसेगा ये जमता पानी।

मेरे अश्कों की रवानी[1] का असर तो होगा,
पत्थरों को तो भिगोता है ज़रा सा पानी।

क़तरे क़तरे की ज़रूरत है अभी गुलशन को,
और सड़कों पे बहा करता है बेजा पानी।

अपने महलों के दरीचों से न देखा तुम ने,
मेरे मिट्टी के घरौंदे पे बरसता पानी।

जो मेरे शेर किनारों से सुना करते हैं,
वो नहीं जानते सागर में है कितना पानी।

1. बहाव।

आने वाला सुनहरा...

आने वाला सुनहरा कल तो नहीं,
देखना वो मेरी ग़ज़ल तो नहीं।

ख़ुदकुशी ग़ैर शाइराना है,
ये किसी मसअ़ले[1] का हल तो नहीं।

ये खंडर कितना ख़ूबसूरत है,
ये मेरे ख़्वाब का महल तो नहीं।

कहती हैं हाथ की ये रेखायें,
ज़िन्दगी इस क़दर सरल तो नहीं।

1. समस्या।

मीरो-ग़ालिब सा...

मीरो-ग़ालिब सा सुख़नवर[1] नहीं आने वाला,
अब ज़माना वो पलट कर नहीं आने वाला।

उससे मिलना है तो मिलने का बहाना ढूँढ़ो,
चाँद की तरह वो छत पर नहीं आने वाला।

अब हमें ख़ुद ही कोई राह बनानी होगी,
अब कोई मील का पत्थर नहीं आने वाला।

मैंने कुछ बन के दिखाने की क़सम खाई है,
इससे पहले मैं तेरे घर नहीं आने वाला।

तू मेरे क़त्ल पे हरगिज़ न परीशाँ होना,
कोई इल्ज़ाम तेरे सर नहीं आने वाला।

1. लेखक।

थकन का नाम...

थकन का नाम न लो दोस्तो उड़ानों में,
बहुत है फ़ासला हम में और आसमानों में।

मैं इन पहाड़ों से टकरा के पा गया मंज़िल,
तू मुश्किलों को गिनाया न कर बहानों में।

क़दम क़दम पे मुझे आज़मा रहा है कोई,
गुज़र रही है, मेरी उम्र इम्तहानों में।

न बिस्तरों की ज़रूरत न नींद की मिन्नत,
अजब नशा है मशक़्क़त की इन थकानों में।

ये ख़्वाब एक न इक दिन ज़रूर सच होगा,
मेरा मकान भी होगा बड़े मकानों में।

ये कौन गुज़रा है, पथरीले रास्तों से 'मिज़ाज',
लहू के दाग़ भी है पाँवों के निशानों में।

बाग़ में नागफनी का...

बाग़ में नागफनी का भी शजर[1] लगता है,
ख़ूबसूरत हो अगर ऐब हुनर लगता है।

कितनी चीज़ों की कमी अब भी नज़र आती है,
जब भी देखूँ तो अधूरा-सा ये घर लगता है।

अब घरों में ही दुकानों की सजावट है यहाँ,
अब किसे फ़िक्र कि बाज़ार किधर लगता है।

मुद्दतों पहले कोई हादसा गुज़रा था यहाँ,
अब तलक उसका फ़िज़ाओं[2] में असर लगता है।

कोई हल्के से भी छू ले तो ये रिसता है 'मिज़ाज',
भर न पायेगा कभी ज़ख़्मे-जिगर[3] लगता है।

---

1. पेड़, 2. वातावरण, 3. दिल का घाव।

अब इम्तहान का...

अब इम्तहान का इक आसमान और सही,
उसी के नाम की फिर इक उड़ान और सही।

क़रीब ही तो है मंज़िल क़दम बढ़ाते चलो,
अब उसके वास्ते थोड़ी थकान और सही।

कहा तो तुमने भी मुझसे वही फ़साना है,
वही फ़साना मेरा है ज़ुबान और सही।

तुम्हारे तंज़[1] पे हमको यही ख़याल आया,
हमारे दिल पे चलो इक निशान और सही।

तुम्हारी आँखें तो कुछ और कह रही हैं 'मिज़ाज'
भले ज़ुबाँ से तुम्हारा बयान और सही।

1. व्यंग्य।

हम हैं...

हम हैं बनती हुई इमारत से,
हमको देखो ज़रा मुहब्बत से।

आइना हैं समाज का हम भी,
हमको रक्खो बड़ी हिफ़ाजत से।

हम तो क्या ! घर के घर उजड़ जायें,
इस नये दौर की सियासत से।

जिसको देखो उसी ने लूटा है,
ये मिला है हमें शराफ़त से।

कौन सुनता है इस ज़माने में,
फ़ायदा क्या किसी शिकायत से।

अपनी मेहनत की...

अपनी मेहनत की इस कमाई की,
चाँदनी लूँगा पाई पाई की।

मुझको पहचानने लगी दुनिया,
मैंने तो ख़ुद से आशनाई[1] की।

सेज फूलों की, नींद क्या देगी,
मेरी टूटी सी चारपाई की।

मेरी आँखें ही छीन ली मुझसे,
तुमने क्या ख़ूब रहनुमाई की।

दाग़ फिर भी न मिट सका उसका,
आइने की बहुत सफ़ाई की।

1. पहचान।

रोकती हैं रास्ता...

रोकती हैं रास्ता जब लाल पीली बत्तियाँ,
याद आती हैं मुझे वो गाँव की पगडंडियाँ।

इस नगर के शोर में हैं किसको फुर्सत जो सुने,
मस्जिदों की वो अज़ानें मन्दिरों की घंटियाँ।

फिर वही बस्ते वही स्कूल बस का इन्तिज़ार,
ख़त्म होने जा रही हैं गर्मियों की छुट्टियाँ।

आपका इक फ़ोन नम्बर हो तो लिखवा दीजिए,
वक़्त ले लेती हैं कितना आती जाती चिट्ठियाँ।

इस सदी का उस सदी से किस तरह होगा मिलन,
आदमी के सामने हैं गुत्थियाँ ही गुत्थियाँ।

आज छज्जे से जो देखा पहली बारिश का समा
हर सड़क पर दिख रही थीं छतरियाँ ही छतरियाँ।

सैर करने के बहाने आओ गुलशन में चलें,
कुछ वहाँ भँवरे मिलेंगे कुछ मिलेंगी तितलियाँ।

तू न था ऐसा...

तू न था ऐसा कि जैसा हो गया,
अय मेरे दिल ये तुझे क्या हो गया।

पी लिया करते थे शुहबत में कभी,
अब तो ये हर दिन का क़िस्सा हो गया।

रात आधी तेरी यादों में गयी,
उठते उठते दिन भी आधा हो गया।

फिर चलीं ठंडी हवाएँ शाम की,
फिर तुम्हारा ज़ख़्म ताज़ा हो गया।

देखते हैं लोग रुक-रुक कर मुझे,
मैं भी शायद इक तमाशा हो गया।

हो रहा है रौशनी पर ऐतराज,
फिर कोई दुष्यन्त पैदा हो गया।

हल्की सी इक झलक...

हल्की सी इक झलक वो दिखाकर गुज़र गया,
सारा उजाला खिड़की से घर में बिखर गया।

आँसू बग़ैर रोने का देकर हुनर गया,
जाते हुए वो मुझपे ये एहसान कर गया।

वो लोग थक के बैठ गये राहे-शौक़ में,
मैं दौड़ता रहा तो मुक़द्दर सँवर गया।

साहिल पे चीख़ने से कोई फ़ायदा न था,
ये सोचकर मैं चढ़ती नदी में उतर गया।

दरिया ग़मों का ख़ूब चढ़ा था ख़िज़ाओं में,
पानी बरस गया तो ये दरिया उतर गया।

पत्ते बिखर रहे हैं अभी तक जगह-जगह,
उस सरफिरी हवा का जहाँ तक असर गया।

पानी बहाना बन्द करो अब तो अय 'मिज़ाज',
खिलते थे जिसमें गुल वो शज़र कब का मर गया।

कभी ख़ुद अपने हाथों से...

कभी ख़ुद अपने हाथों से पियाले छूट जाते हैं,
कभी पीने पिलाने में ये शीशे टूट जाते हैं।

हम इस धरती के वासी हैं अगर टूटे तो क्या ग़म है,
फ़लक[1] पर हमने देखा है, सितारे टूट जाते हैं।

बहुत कम लोग ऐसे हैं जिन्हें रहज़न[2] मिले होंगे,
ज़ियादातर मुसाफ़िर को मुसाफ़िर लूट जाते हैं।

वो पत्थर टुकड़े-टुकड़े हो गया जो हमसे कहता था,
जो शीशे जैसे होते हैं वो इक दिन टूट जाते हैं।

क़दम रुकने नहीं देना, सफ़र में ऐसा होता है,
नये छाले उभरते हैं, पुराने फूट जाते हैं।

1. गगन, 2. रास्ते में लूटने वाले।

साया चले न साथ...

साया चले न साथ किसी की सदा[1] चले,
कब तक किसी के साथ कोई रहनुमा[2] चले।

मेरा ग़ज़ल ने साथ निभाया है इस तरह,
बेटे के साथ जैसे कि माँ की दुआ चले।

आँखों में अब तो पानी ही पानी है रात दिन,
बारिश थमे तो और कोई सिलसिला चले।

सुनसान हैं फ़जायें[3] तो मौसम उदास है,
निकले कहीं धुआँ तो हवा का पता चले।

जब दे दिया किसी को तो अपना कहाँ रहा,
दिल पर हमारा ज़ोर चले भी तो क्या चले।

---

1. आवाज़, 2. पथ प्रदर्शक, 3. वातावरण।

क़दम बढ़ाओ...

क़दम बढ़ाओ सितारों पे अब क़याम[1] करो,
जहाँ सवेरा हुआ था वहीं न शाम करो।

गुज़र गया तो कभी लौट कर न आयेगा,
जो मिल रहा है उसी पल का एहतराम[2] करो।

ये प्यास लगने से पहले बहुत ज़रूरी है,
तुम अपने वास्ते पानी का इन्तज़ाम करो।

ये दिल ये जान ये जज़्बात और ये तन्हाई,
अमानतें हैं ये जिसकी उसी के नाम करो।

1. निवास, 2. आदर।

मुहब्बतों में हम...

मुहब्बतों में हम इस इम्तहान तक पहुँचे,
ज़मीं को साथ लिये आसमान तक पहुँचे।

इक ऐसी राह बनानी है, जो बग़ैर मुड़े,
मेरे मकान से उसके मकान तक पहुँचे।

सितारे तोड़ के लाने में ये ज़रूरी है,
तुम्हारा हाथ कभी आसमान तक पहुँचे।

ख़ुदा करे कि हमारे इक आध शेर के साथ,
हमारा नाम भी सबकी ज़ुबान तक पहुँचे।

बरदाश्त की हदों से...

बरदाश्त की हदों से गुज़र कर हम आये हैं,
हमने भी ज़िन्दगी में बड़े ग़म उठाये हैं।

मेरे चमन का एक भी पौधा हरा न था,
सब आपकी दुआओं ने ये गुल खिलाये हैं ।

हल्की सी रौशनी है अँधेरों के साथ साथ,
ये मेरे आँसुओं के दिये टिमटिमाये हैं।

हैरत है, ख़्वाब है कि हक़ीक़त है ये 'मिज़ाज',
मुझको मनाने आज वही लोग आये हैं।

पहुँचे कभी न प्यार की...

पहुँचे कभी न प्यार की ऊँचाइयों में हम,
क़द नापने में रह गये परछाइयों में हम।

बचपन हमारा आज भी ज़िन्दा है दोस्तो,
छोटे हैं अपने घर में सभी भाइयों में हम।

देखी जहाँ भी आग तो कूदे हैं आग में,
शामिल हुए कभी न तमाशाइयों में हम।

देखा है जब से आपको ख़ुद की ख़बर नहीं,
शामिल हैं कब से आपके शैदाइयों में हम।

महफ़िल में उनको शौक़ से सुनते हैं सब 'मिज़ाज',
ग़ज़लें जो रोज़ कहते थे तन्हाइयों में हम।

शराब ऐसी पिलाओ...

शराब ऐसी पिलाओ कि होश खो जाये,
सरे बहार न मौसम ख़िज़ाँ[1] का याद आये।

छतें तो टूटी थीं अब घर का घर शिकस्ता[2] है,
दुआ करो कि न अब ज़ोर की हवा आये।

किसी तरह की हमें छाँव कब मयस्सर[3] थी,
हमारे हिस्से में बस धूप के सफ़र आये।

हमें तो पानी का रोना है और उन्हें ये है,
कहीं शराब अमीरों को कम न पड़ जाये।

तमाम दिन की थकन चीख़ने लगी है कि अब,
ये धूप सर से चली जाये शाम हो जाये।

'मिज़ाज' ऊब सी होने लगी है अब ग़म से,
क़लम उठाओ कि ताज़ा ग़ज़ल लिखी जाये ।

---

1. पतझर, 2. जर्जर, 3. उपलब्ध।

लफ़्ज़ों में ढल के...

लफ़्ज़ों में ढल के अश्क क़तारों में आ गये,
दिल के तमाम दर्द नज़ारों में आ गये।

अश्कों की गर्मियों ने बड़ा काम कर दिया,
पत्थर पिघल के वक़्त के धारों में आ गये।

चेहरें की रौनक़ें तो जवानी में छिन गयीं,
दौरे-ख़िज़ाँ[1] के नक़्श[2] बहारों में आ गये।

ऐसा जला ये दिल कि मुक़द्दर चमक उठा,
हम जुगनुओं की शफ़[3] से सितारों में आ गये।

कितनी बुलन्दियों पे हमें ले गया 'मिज़ाज',
एहले-ज़मीं[4] थे आज सितारों में आ गये।

---

1. पतझर काल, 2. निशान, 3. पंक्ति, 4. धरती के वासी।

ज़रा सा नाम पा जायें...

ज़रा सा नाम पा जायें उसे मंज़िल समझते हैं,
बड़े नादान हैं मझधार को साहिल समझते हैं।

अगर वो होश में रहते तो दरिया पार कर लेते,
ज़रा सी बात है लेकिन कहाँ ग़ाफ़िल[1] समझते हैं।

अकेलापन कभी हमको अकेला कर नहीं सकता,
अकेलेपन को हम महबूब की महफ़िल समझते हैं।

बड़े लोगों के चेहरों पर शिकन भी आ नहीं सकती,
कोई कालिख़ भी मल दे तो उसे वो तिल समझते हैं।

अजब बस्ती है इस बस्ती में सब रंगदार हैं शायद,
शरीफ़ों को तो वो पैदाइशी बुझदिल समझते हैं।

मिज़ाज अपना फ़क़ीराना है फिर भी शुक्र है यारो,
हमें भी लोग अपनी भीड़ में शामिल समझते हैं।

1. बेहोश, बेख़बर।

वो जब चाहे...

वो जब चाहे ग़रीबों के ठिकाने फूँक देते हैं,
वो माँएँ फूँक देते हैं वो बच्चे फूँक देते हैं।

फ़िदा होते हैं उनके इक इशारे पर कई नादाँ,
न जाने कौन सा मंतर वो पढ़ के फूँक देते हैं।

ये पापी आग नफ़रत की कभी बुझने नहीं देते,
अगर ये बुझने लगती है तो फिर से फूँक देते हैं।

ग़रीबों की तरफ देखो जो पापी पेट की ख़ातिर,
जलाने के लिए चूल्हे कलेजे फूँक देते हैं।

खुशी से एक बच्चा पाल सकते हैं उसी मद से
हम अपने शौक़ की ख़ातिर जो पैसे फूँक देते हैं।

ढूँढूँ

ख़ूबसूरत सा एक घर ढूँढूँ
अपनी बेटी को नेक वर ढूँढूँ

नेट पर डॉट काम सर्च करूँ,
या कि अख़बार में ख़बर ढूँढूँ

कोई रस्ता नज़र नहीं आता,
मैं इधर ढूँढूँ या उधर ढूँढूँ।

एक उलझन सी मेरे मन में है,
सेठ ढूँढूँ की डाक्टर ढूँढूँ

मेरी बेटी को जो पसन्द आये,
ऐसा लड़का मैं अब किधर ढूँढूँ।

आसमानों में छुप के बैठा है,
इक सितारा मैं रात भर ढूँढूँ।

इक एक लफ़्ज़...

इक एक लफ़्ज़ जोड़ के बनती है इक किताब,
कोशिश करे तो आदमी होता है कामयाब।

शाइर तो शेर कहके चले जायेंगे जनाब,
हम चीज़ क्या हैं 'मीर' की हस्ती भी थी हुबाब।

अपने क़लम से अपनी हथेली पे कुछ न लिख,
तेरा अलग हिसाब है मेरा अलग हिसाब।

इतना न सोच सोच के दिल बेक़रार कर,
दिन के ख़याल रात को आते हैं बनके ख़्वाब।

लेकर चिराग़ ढूँढ़ लें सारे जहाँ में आप,
अच्छा तो सिर्फ़ एक है बाक़ी हैं सब ख़राब।

तूने मिज़ाज पूछा तो कहना पड़ा बख़ैर,
जैसा तेरा सवाल था वैसा मेरा जवाब।

नये के आते...

नये के आते, पुराना ज़रूर निकलेगा,
तुम्हारे आगे ज़माना ज़रूर निकलेगा।

पलट के तुम भी कभी दिल की डायरी देखो,
कोई हिसाब पुराना ज़रूर निकलेगा।

लगन मिलन की है सच्ची तो फिर तलाश करो,
कोई न कोई बहाना ज़रूर निकलेगा।

कमा रखी है बुज़ुर्गों ने इल्म[1] की दौलत,
दबाओ पाँव ख़ज़ाना जरूर निकलेगा।

कहीं पे क़ैद करो या कहीं पे दफ़ना दो,
मेरे लबों से तराना ज़रूर निकलेगा।

1. ज्ञान।

सारे जहाँ में आपको...

सारे जहाँ में आपको शोहरत मिली तो क्या,
घर छोड़ने के बाद ये दौलत मिली तो क्या।

बेवक़्त हमको आपकी रहमत[1] मिली तो क्या,
ज़िल्लत[2] के बाद हमको हुकूमत[3] मिली तो क्या।

तन्हाइयों में फिर कोई उलझन सतायेगी,
दिन भर की भाग दौड़ से फुरसत मिली तो क्या।

रस्मे-वफ़ा निभाते रहे हम तमाम उम्र,
हमको चकोर जैसी मोहब्बत मिली तो क्या।

मरने की आरज़ू नहीं जीने की चाह है,
तुमसे बिछड़ के हमको वो जन्नत मिली तो क्या।

मेरी नज़र में फ़र्क़ न आया कभी 'मिज़ाज',
चेहरे बदल-बदल के वो औरत मिली तो क्या।

---

1. कृपा, 2. अपमान, 3. सत्ता

लड़ाई बातों बातों में...

लड़ाई बातों बातों में ही टल जाये तो क्या कहना,
दिलों से आपसी रंजिश निकल जाये तो क्या कहना।

मेरा फ़न फूल जैसे ज़ह्न में पलता तो है लेकिन,
ये जादू काश पत्थर पर भी चल जाये तो क्या कहना।

घुटन सी हो रही है आज के माहौल में हमको,
दुआओं से अगर मौसम बदल जाये तो क्या कहना।

तक़ाज़ा है तरक़्की के लिए कुछ काम करने का,
ये इंसाँ वक्त के साँचे में ढल जाये तो क्या कहना।

सभी की एक मंज़िल है फ़क़त रस्ते जुदा होंगे,
ये दिल मंज़िल पे जाने को मचल जाये तो क्या कहना।

बहुत लाचार सी बीमार सी महसूस होती है,
सियासत की तबीयत कुछ सम्हल जाये तो क्या कहना।

'मिज़ाज' अच्छे नहीं हैं आज कल बाज़ार के तेवर,
हमारा भी अगर सिक्का उछल जाये तो क्या कहना।

उम्र का है ये असर...

उम्र का है ये असर ज़ह्न[1] से माज़ूर[2] नहीं,
थक गया हूँ मैं मगर इतना भी मजबूर नहीं।

अपनी मर्ज़ी से तो ये ख़ाक गवारा है मुझे,
तेरी शर्तों पे मुझे ताज भी मंजूर नहीं।

जब भी चाहूँ मैं तुझे छोड़ के जा सकता हूँ,
ये सियासत है कोई इश्क़ का दस्तूर नहीं।

कुछ चकमते हुए चेहरे भी नज़र आते हैं,
हाँ, हक़ीक़त में ये बदनाम हैं मशहूर नहीं।

आपकी राय मेरे बारे में कुछ भी हो 'मिज़ाज',
मैं तो बचपन से ही खुद्दार हूँ मग़रूर[3] नहीं।

---

1. दिमाग़, 2. अपाहिज, 3. घमंडी।

वे सबब...

वे सबब नफ़रत भरी लपटों में अय नादाँ न जल,
जितनी जल्दी हो सके इस आग से बाहर निकल।

ये वो रस्ता है जहाँ काँटे ही काँटे आयेंगे,
दूसरों को देखकर तू अपना रस्ता मत बदल।

दिल पे क़ाबू रख के ठंडा रख ज़रा अपना मिज़ाज,
घर की हालत भी सँभल जायेगी पहले खुद सम्हल।

तेरे चारों ओर कीचड़ है तो तय है एक दिन,
लोग साहिल से निहारेंगे यहीं खिलते कँवल।

अब अँधेरी रात है तो फिर जला ग़म के चिराग़,
फिर क़लम काग़ज़ उठा लिख जगमगाती सी ग़ज़ल।

पत्थर की इमारत...

पत्थर की इमारत में पत्थर के सिवा क्या है,
दिल में है तेरे मस्ज़िद, दिल में ही शिवाला है।

दिल में है तेरी चाहत आँखों में तेरी सूरत,
भीतर भी उजाला है बाहर भी उजाला है।

देखो तो अजब कितनी तासीर है आँसू की,
बह जाये तो गंगा है, थम जाये हिमाला है।

ग़ज़लों में मेरी शामिल गंगा भी है यमुना भी,
हिन्दी ने मुझे जन्मा, उर्दू ने सम्हाला है।

क़ाबा मेरे आगे...

क़ाबा मेरे आगे न कलीसा मेरे आगे,
रहता है तेरी आग का दरिया मेरे आगे।

रुकने का कभी नाम न लेना मेरे आगे,
करने को अभी काम हैं क्या क्या मेरे आगे।

रुकता हूँ तो रुक जाते हैं मंज़र[1] भी वहीं पर,
चलता हूँ तो चलता है ये रस्ता मेरे आगे।

सो जाऊँ जो थक हार के मंज़िल के सफ़र में,
जलती है मेरे ख़्वाब की दुनिया मेरे आगे।

शायद वो मेरी फ़िक्र को पहचान गयी है,
कुछ रोज़ से आती नहीं बिटिया मेरे आगे।

देना है तो फिर नूरे-मुजस्सम[2] मुझे दे दो,
चमकाओ न रह रह के ये शीशा मेरे आगे।

मेरा भी कभी ज़िक्र न करना मेरे पीछे,
उसका भी कभी नाम न लेना मेरे आगे।

किस मुँह से कहूँ आपके मिसरे पे कोई बात,
ऊँचा है बहुत आपका दर्जा मेरे आगे।

---
1. दृश्य, 2. साकार उजाला।

रास्ता तकते हुए...

रास्ता तकते हुए इक ख़्वाब की ताबीर का,
आ गया है वक़्त अपनी आख़िरी तहरीर का।

घर से मस्जिद और दफ़्तर तक रहा अपना सफ़र,
दायरा इतना ही था बस पाँव की ज़ंजीर का।

दिल में जितनी हसरतें थीं सब उठा कर फेंक दीं,
क्या करूँ मैं दिल से चिपकी इक तेरी तसवीर का।

आज तेरे पास ये अच्छा बुरा जो कुछ भी है,
कुछ तेरे आमाल का है, कुछ तेरी तक़दीर का।

कुछ मुख़ालिफ़ दोस्त भी होंगे तेरी फ़हरिस्त में,
कुछ का कुछ मतलब निकालेंगे तेरी तक़रीर का।

दिल का इक हिस्सा तुम्हारा और इक मेरा 'मिज़ाज',
आज तक हल हो न पाया मस्अला जागीर का।

क़लम ग़मों का दे...

क़लम ग़मों का दे, अश्कों की रोशनाई दे,
किसी बहाने मेरे दर्द को रिहाई दे।

गिरे पड़े हुए लफ़्ज़ों को चुन रहा हूँ मैं,
हदे-सुख़न[1] की न कोई मुझे दुहाई दे।

मैं अपने शेरों में इतना ख़याल रखता हूँ,
कहा गया है जो उनमें तुझे सुनाई दे।

तेरे बहानों पे मुझको यक़ीन रहता है,
भरम न तोड़ मेरा कुछ न तू सफ़ाई दे।

नज़र में, दिल में, फ़ज़ा[2] में ग़ज़ल के शेरों में,
जहाँ भी देखूँ मुझे तू ही तू दिखाई दे।

1. लेखन सीमा, 2. वातावरण।

फूल गिर जायेंगे...

फूल गिर जायेंगे सब पत्ते जुदा हो जायेंगे,
जब ख़िज़ायें[1] आयेंगी तो पेड़ क्या हो जायेंगे।

शह्र के चारों तरफ कालोनियाँ बनने लगीं,
एक दिन ये घर पुराने लापता हो जायेंगे।

इस मशीनी दौर में रफ़्तार ही पहचान है,
धीरे-धीरे जो चलेंगे गुमशुदा हो जायेंगे।

चन्द बादल क्या हुए इतना अँधेरा हो गया,
इस क़दर बढ़ते धुयें में शह्र क्या हो जायेंगे।

अब किसी मरहम का होता ही नहीं इन पर असर,
अब हमारे ज़ख़्म सारे लादवा हो जायेंगे।

कुछ हक़ीक़त और भी परदे के पीछे है 'मिज़ाज',
मैं बता दूँगा तो सब के सब ख़फ़ा हो जायेंगे।

1. पतझड़।

कागज़ बचे...

कागज़ बचे, ख़याल बचे और क़लम बचे,
दिल टूटने के बाद तो मुश्किल से हम बचे।

कितनी जवाबदारियाँ मुँह बाये खड़ी हैं,
और मेरी ज़िन्दगी के यहाँ दिन भी कम बचे।

ख़ुद चलके अपनी आख़िरी मंज़िल पे जा सकूँ,
पाओं में मेरे कम से कम इतना तो दम बचे।

बाक़ी के लोग ज़ह्न से कब के उतर गये,
अब हम बचे हैं और हमारे सनम बचे।

अपने ग़मों को रोज़ गिना कर यूँ ही 'मिज़ाज',
अब कितने ग़म ग़लत हुए, अब कितने ग़म बचे ।

मैं ग़ज़ल हूँ...

मैं ग़ज़ल हूँ, मैं कोई आज का अख़बार नहीं,
इस सियासत से मेरा कोई सरोकार नहीं।

सब यहाँ आगे निकल जाने पे आमादा हैं,
साथ चलने के लिए एक भी तैयार नहीं।

टुकड़ों-टुकड़ों में बँटी है ये हमारी धरती,
आसमानों पे मगर एक भी दीवार नहीं।

कैसे इन्सान हैं हम साथ रहा करते हैं,
प्यार करते हैं मगर प्यार का इज़हार नहीं।

सब यही सोच के हर काम किया करते हैं,
मैं अकेला ही तो दुनिया में गुनहगार नहीं।

मैंने माना के मेरी माँ की ज़बाँ हिन्दी है,
कौन कहता है कि उर्दू से मुझे प्यार नहीं।

□□